L'arthrose du chien

Comment le soulager et les meilleurs traitements

Une Approche Holistique pour un Chien Heureux

Patrick Grandjean

Tous droits réservés © 2023 Patrick Grandjean

ISBN : 9798862867046

SOMMAIRE

Ma Mission pour le Bien-être Canin   1

Comprendre l'Arthrose   5

Sur les Traces de l'Arthrose   17

Les Traitements Conventionnels   28

Les Approches Holistiques   40

Des Histoires Inspirantes de Triomphe sur l'Arthrose   55

Prévention et Soins Quotidiens   68

Un Lien Incommensurable   79

Votre Compagnon dans le Voyage de la Guérison   90

L'avenir de la santé canine   102

Chère Lectrice, cher Lecteur   106

Introduction

Ma Mission pour le Bien-être Canin

Il y a vingt ans, fraîchement diplômé de l'école vétérinaire, je suis entré dans le monde professionnel avec une passion ardente pour soigner et aider nos amis à quatre pattes. Comme la plupart de mes collègues, j'ai été formé aux méthodes traditionnelles de traitement. Les médicaments, les chirurgies et les thérapies conventionnelles étaient les outils que j'utilisais quotidiennement.

Mais au fil des années, j'ai été témoin de trop de cas où ces méthodes, bien que bénéfiques, ne suffisaient pas. J'ai vu des chiens souffrir d'effets secondaires de médicaments, ou ne pas répondre aussi bien que prévu à un traitement. C'est le cas de Bella, une labrador âgée que j'ai rencontrée au début de ma carrière. Malgré tous les traitements conventionnels, sa douleur due à l'arthrose ne faisait qu'empirer. C'était déchirant.

C'est à ce moment-là que j'ai commencé à explorer des approches plus holistiques. J'ai étudié l'acupuncture, la chiropratique, la nutrition canine et d'autres thérapies alternatives. À ma grande surprise, j'ai découvert un monde de possibilités qui, combinées aux traitements traditionnels, pouvaient offrir une meilleure qualité de vie à nos compagnons.

La transformation de Bella, grâce à une combinaison de thérapies, a été le tournant de ma carrière. J'ai réalisé que pour vraiment aider, je devais voir au-delà des symptômes et traiter le chien dans sa globalité : corps, esprit et âme.

Pourquoi ce livre est essentiel pour chaque propriétaire de chien

L'arthrose est l'une des affections les plus courantes chez les chiens, en particulier à mesure qu'ils vieillissent. Elle peut être dévastatrice, limitant leur mobilité, causant de la douleur et réduisant leur joie de vivre. En tant que propriétaire, voir son chien souffrir est l'une des expériences les plus douloureuses.

Mais il y a de l'espoir. Ce livre est le fruit de mes années d'expérience et de recherche. Il combine les meilleures pratiques de la médecine vétérinaire traditionnelle avec des approches holistiques éprouvées pour offrir une perspective complète sur la prévention, le diagnostic et le traitement de l'arthrose chez le chien.

Chaque chapitre est conçu pour vous fournir des informations claires, des conseils pratiques et des solutions réelles. Des témoignages de propriétaires et de vétérinaires illustrent les points clés, rendant le contenu à la fois engageant et relatable.

Si vous êtes propriétaire d'un chien souffrant d'arthrose, ou si vous souhaitez simplement en savoir plus sur cette affection, ce livre est pour vous. Il vous donnera les outils et les connaissances nécessaires pour offrir à votre chien une vie plus heureuse et sans douleur.

En tant que vétérinaire, mon objectif a toujours été d'améliorer la qualité de vie de mes patients. Avec ce livre, j'espère étendre cet objectif à chaque chien et à chaque propriétaire qui le lit. Ensemble, nous pouvons faire une différence et offrir à nos chiens la vie qu'ils méritent.

CHAPITRE 1:

Comprendre l'Arthrose

L'arthrose est un mot que beaucoup de propriétaires de chiens redoutent d'entendre. Elle évoque des images de nos fidèles compagnons ralentissant, souffrant en silence, leurs joyeuses courses dans le parc remplacées par des pas hésitants et douloureux. Mais qu'est-ce que l'arthrose exactement ? Est-ce simplement une conséquence inévitable du vieillissement, ou y a-t-il des facteurs sous-jacents qui peuvent être gérés ou même évités ?

Dans ce chapitre, nous plongerons profondément dans le monde de l'arthrose canine. Nous démystifierons cette affection courante, en explorant ses causes, ses symptômes et les facteurs de risque associés. Mon objectif est de vous fournir une compréhension claire et complète de ce que signifie réellement l'arthrose pour votre chien, afin que vous puissiez être mieux équipé pour l'aider.

Chaque chien est unique, tout comme chaque cas d'arthrose. En comprenant les nuances de cette maladie, vous serez en mesure de reconnaître les premiers signes, d'identifier les facteurs de risque potentiels dans la vie de votre chien et, surtout, de prendre des mesures proactives pour améliorer sa qualité de vie.

Alors, commençons notre voyage de découverte. Ensemble, nous allons éclairer les zones d'ombre de l'arthrose et donner à nos chiens la meilleure chance de vivre une vie pleine et heureuse..

Qu'est-ce que l'arthrose ?

L'arthrose, souvent appelée "ostéoarthrite", est une affection qui touche les articulations. Pour comprendre l'arthrose, imaginez une porte qui grince à chaque ouverture. Cette porte a besoin de lubrification pour fonctionner correctement. De la même manière, les articulations de nos chiens ont besoin d'un certain "lubrifiant" pour bouger sans douleur.

La structure d'une articulation

Chaque articulation est composée de deux os qui se rencontrent. L'endroit où ces os se touchent est recouvert d'un tissu lisse appelé cartilage. Le cartilage permet aux os de glisser les uns sur les autres sans frottement. L'articulation est également entourée d'une capsule remplie d'un liquide, le liquide synovial, qui agit comme un lubrifiant.

Le rôle du cartilage

Le cartilage joue un rôle essentiel dans le bon fonctionnement de l'articulation. Il sert de coussin et assure que les mouvements sont fluides. Malheureusement, avec l'âge ou à cause de certains facteurs, ce cartilage peut s'user ou s'endommager. Lorsque cela se produit, les os commencent à se frotter directement les uns contre les autres, causant douleur, inflammation et réduction de la mobilité.

L'arthrose en détail

L'arthrose est donc le résultat de cette usure progressive du cartilage. Elle peut toucher n'importe quelle articulation, mais elle est plus courante dans les hanches, les genoux, la colonne vertébrale et les coudes des chiens. À mesure que le cartilage continue de s'user, l'articulation peut devenir enflammée, provoquant douleur et raideur. Avec le temps, des excroissances osseuses, appelées ostéophytes, peuvent se développer autour de l'articulation, aggravant encore les symptômes.

Pourquoi est-ce important de comprendre ?

Comprendre ce qu'est l'arthrose est la première étape pour aider votre chien. En reconnaissant les signes et en comprenant la cause sous-jacente de la douleur de votre chien, vous serez mieux équipé pour prendre des décisions éclairées sur son traitement et ses soins.

En fin de compte, l'arthrose n'est pas simplement une "vieille maladie de chien". C'est une affection complexe qui peut avoir un impact profond sur la qualité de vie de votre chien. Mais avec la bonne connaissance et les bons outils, vous pouvez faire une différence significative dans la vie de votre compagnon à quatre pattes.

Les causes et facteurs de risque

L'arthrose est une affection complexe, et sa survenue n'est pas le résultat d'une seule cause. Plusieurs facteurs peuvent contribuer à son développement et à sa progression. Comprendre ces facteurs est essentiel pour prévenir l'arthrose ou gérer efficacement ses symptômes.

1. L'âge

Tout comme chez les humains, l'âge est le facteur de risque le plus courant pour l'arthrose chez les chiens. Avec le temps, le cartilage articulaire s'use naturellement, ce qui peut conduire à l'arthrose. Cependant, il est important de noter que l'arthrose n'est pas une conséquence inévitable du vieillissement. De nombreux chiens âgés ne développent jamais d'arthrose.

2. Le poids

Le surpoids ou l'obésité exerce une pression supplémentaire sur les articulations du chien, en particulier sur les hanches et les genoux. Cette pression accrue peut accélérer l'usure du cartilage et augmenter le risque d'arthrose.

3. Les blessures articulaires

Un traumatisme, comme une fracture ou une luxation, peut endommager le cartilage d'une articulation et rendre un chien plus susceptible de développer de l'arthrose à cet endroit.

4. La génétique

Certains chiens sont génétiquement prédisposés à l'arthrose. Les races de grande taille, comme les labradors, les golden retrievers ou les bergers allemands, sont particulièrement à risque.

5. Les malformations congénitales

Des conditions comme la dysplasie de la hanche ou du coude, où l'articulation ne se forme pas correctement, peuvent augmenter le risque d'arthrose plus tard dans la vie.

6. L'inactivité

Un mode de vie sédentaire peut contribuer à la prise de poids et à la raideur articulaire, deux facteurs qui augmentent le risque d'arthrose.

7. Les infections et maladies

Certaines infections ou maladies peuvent endommager le cartilage et le liquide synovial, conduisant à l'arthrose.

Mes conseils pour les propriétaires

La prévention est la clé. Bien que certains facteurs, comme la génétique, ne puissent être modifiés, d'autres, comme le poids ou le niveau d'activité, sont sous votre contrôle. Une alimentation équilibrée, de l'exercice régulier et des visites régulières chez le vétérinaire peuvent aider à réduire le risque d'arthrose chez votre chien.

Il est également crucial d'être attentif aux signes précoces d'arthrose, en particulier si votre chien présente plusieurs facteurs de risque. Une intervention précoce peut ralentir la progression de la maladie et améliorer la qualité de vie de votre chien.

Les signes et symptômes à surveiller

Nos amis canins sont des êtres résilients et stoïques. Ils ont cette capacité incroyable à cacher leur douleur, souvent guidés par leur instinct naturel et leur désir de nous plaire. Cependant, cette admirable qualité peut aussi être leur talon d'Achille. En tant que propriétaires, nous devons être particulièrement attentifs et vigilants, car nos chiens ne viendront pas toujours vers nous avec un signe évident de leur souffrance.

L'arthrose est sournoise. Elle s'installe lentement, progressivement, transformant le dynamisme d'un chien en hésitation et en inconfort. Mais si nous savons quoi chercher, si nous sommes formés à repérer ces signes subtils, nous pouvons intervenir tôt, offrant à nos chiens une meilleure qualité de vie et réduisant leur douleur.

Nous allons explorer les signes et symptômes les plus courants de l'arthrose chez le chien. Certains peuvent sembler évidents, tandis que d'autres sont plus discrets. Mais ensemble, ils nous offrent une image complète de ce que ressent un chien atteint d'arthrose et comment nous pouvons l'aider.

Une boiterie ou démarche hésitante

L'un des signes les plus courants de l'arthrose est une boiterie ou une démarche hésitante. Vous pourriez remarquer que votre chien favorise une patte plutôt qu'une autre ou qu'il semble avoir du mal à se lever après avoir été allongé pendant un certain temps. Cette boiterie peut être plus prononcée après un exercice intense ou peut s'améliorer avec le mouvement.

La réduction de l'activité

Votre chien, autrefois si énergique et toujours prêt pour une partie de jeu, semble maintenant préférer ses siestes. Il peut être moins enclin à jouer, à courir ou à sauter. Les longues promenades qu'il adorait autrefois peuvent maintenant sembler être une corvée pour lui.

La difficulté à se lever ou à s'asseoir

Les mouvements qui étaient autrefois fluides et sans effort, comme se lever ou s'asseoir, peuvent maintenant être laborieux pour votre chien. Vous pourriez le voir hésiter avant de s'asseoir ou avoir du mal à se lever, surtout après avoir dormi.

La raideur

La raideur, en particulier après une période d'inactivité, est courante chez les chiens atteints d'arthrose. Cette raideur peut s'améliorer une fois que le chien commence à bouger et à se réchauffer.

La réaction au toucher

Votre chien peut montrer des signes de douleur ou

d'inconfort lorsqu'une zone affectée est touchée ou palpée. Il peut grogner, se retirer ou même essayer de mordre si la douleur est intense.

Les changements de comportement

Les chiens en douleur peuvent présenter des changements de comportement. Ils peuvent être plus irritables, moins patients ou même montrer des signes d'agressivité. Ils peuvent également devenir plus collants ou, au contraire, se retirer et chercher des endroits isolés pour se reposer.

L'atrophie musculaire

Dans les cas avancés d'arthrose, l'inactivité peut conduire à une atrophie musculaire. Vous pourriez remarquer que les muscles de votre chien semblent plus petits ou moins toniques, en particulier autour des articulations affectées.

Les craquements ou grincements

Dans certains cas, vous pourriez entendre un grincement ou un craquement provenant des articulations de votre chien lorsqu'il bouge. C'est le son des os frottant les uns contre les autres en l'absence de cartilage protecteur.

Reconnaître ces signes précoces d'arthrose est crucial pour le bien-être de votre chien. Si vous observez l'un de ces symptômes, il est essentiel de consulter votre vétérinaire. Avec un diagnostic précoce et une intervention appropriée, vous pouvez ralentir la progression de l'arthrose et offrir à votre chien une meilleure qualité de vie.

L'arthrose, bien qu'elle soit une réalité pour de nombreux chiens, n'est pas une sentence. En tant que propriétaires, notre rôle est d'être les gardiens vigilants du bien-être de nos fidèles compagnons. Chaque signe, chaque changement de comportement, est une fenêtre sur leur monde intérieur, un appel silencieux à l'aide que nous devons apprendre à reconnaître.

Ce que nous avons exploré dans ce chapitre n'est pas seulement une liste de symptômes, mais un guide pour renforcer notre lien avec nos chiens. En comprenant les subtilités de leur douleur, nous pouvons intervenir, agir, et surtout, leur offrir le confort et les soins qu'ils méritent.

Mais la connaissance ne s'arrête pas là. Dans les chapitres suivants, nous plongerons plus profondément dans les solutions, les traitements et les approches holistiques qui peuvent transformer la vie de nos chiens. Car au-delà de la douleur, il y a l'espoir, et ensemble, nous pouvons tracer un chemin vers une vie plus heureuse et plus saine pour nos amis à quatre pattes.

CHAPITRE 2

Sur les Traces de l'Arthrose Le Voyage Diagnostique

Lorsque nous parlons de santé, qu'il s'agisse de la nôtre ou de celle de nos chiens, le diagnostic est une étape cruciale. C'est le moment où nous passons de l'incertitude à la clarté, où les symptômes flous prennent forme et deviennent une condition identifiable. Dans le cas de l'arthrose, le diagnostic est d'autant plus essentiel qu'il ouvre la porte à des interventions et des traitements qui peuvent améliorer la qualité de vie de nos chiens.

Mais qu'est-ce que cela signifie réellement de diagnostiquer l'arthrose ? Quels sont les tests et les examens impliqués ? Et comment une détection précoce peut-elle faire la différence dans la vie de votre chien ?

Dans ce chapitre, nous allons explorer le processus de diagnostic de l'arthrose, de la première consultation vétérinaire aux tests avancés. Nous verrons également comment l'histoire de Bella, une chienne courageuse, peut nous éclairer sur l'importance d'un diagnostic précis et rapide.

L'importance d'une détection précoce

Lorsque nous pensons à la santé, il y a un adage qui reste universellement vrai : mieux vaut prévenir que guérir. Dans le contexte de l'arthrose canine, cette maxime prend une signification particulière. La détection précoce de l'arthrose peut faire la différence entre une vie de douleur et d'inconfort pour votre chien et une vie où la maladie est gérée, contrôlée et, dans certains cas, ralentie.

Les premiers signes sont subtils

L'arthrose est une maladie progressive. Cela signifie qu'elle commence souvent par des symptômes légers, qui peuvent être facilement négligés ou attribués à d'autres causes. Un chien qui boite légèrement après une longue promenade ou qui hésite à sauter sur le canapé peut simplement sembler fatigué ou paresseux. Mais ces signes précoces peuvent être les premiers indicateurs d'un problème articulaire sous-jacent.

Pourquoi agir tôt ?

Agir dès les premiers signes offre plusieurs avantages :

Traitement plus efficace : Plus tôt l'arthrose est détectée, plus il est probable que les traitements soient efficaces. Cela peut signifier moins de médicaments, moins d'effets secondaires et un meilleur résultat global pour votre chien.

Prévention de la progression : Bien que l'arthrose ne puisse pas être complètement guérie, sa progression peut être ralentie avec les bonnes interventions. Une détection précoce permet d'ajuster le mode de vie de votre chien, son alimentation et son exercice pour minimiser l'impact de la maladie.

Qualité de vie améliorée : Un chien qui reçoit un traitement précoce pour l'arthrose est plus susceptible de maintenir un niveau d'activité élevé, de jouer et d'interagir avec sa famille.

Un partenariat avec votre vétérinaire

La détection précoce de l'arthrose nécessite un partenariat étroit avec votre vétérinaire. Des examens réguliers, des discussions sur les changements de comportement de votre chien et une attention particulière aux signes subtils sont essentiels. Votre vétérinaire peut également recommander des tests spécifiques pour confirmer le diagnostic et évaluer la gravité de l'arthrose.

La détection précoce de l'arthrose est bien plus qu'une simple étape diagnostique. C'est une démarche proactive, un engagement envers le bien-être de votre chien. En étant attentif et en agissant rapidement, vous donnez à votre chien la meilleure chance de vivre une vie longue, heureuse et sans douleur.

Tests et examens : à quoi s'attendre

Lorsque l'on soupçonne que notre fidèle compagnon souffre d'arthrose, la prochaine étape logique est le diagnostic formel. Cela implique une série de tests et d'examens qui permettront à votre vétérinaire de confirmer la présence de l'arthrose et d'évaluer sa gravité. Mais que pouvez-vous attendre de cette étape cruciale ?

1. Examen physique

Tout commence par un examen physique approfondi. Votre vétérinaire évaluera la démarche de votre chien, cherchera des signes de boiterie, testera la flexibilité des articulations et cherchera des signes d'inflammation ou de douleur. Cet examen donne à votre vétérinaire une première impression de l'état de santé articulaire de votre chien.

2. Radiographies

Les radiographies, ou rayons X, sont l'un des outils les plus couramment utilisés pour diagnostiquer l'arthrose. Elles permettent de visualiser les os et les articulations de votre chien, révélant des signes d'usure du cartilage, des excroissances osseuses ou d'autres anomalies.

3. Analyses de sang

Votre vétérinaire peut également recommander des analyses de sang. Bien qu'elles ne diagnostiquent pas directement l'arthrose, elles peuvent aider à éliminer d'autres causes de douleur ou d'inflammation et à évaluer la santé globale de votre chien.

4. Tests d'imagerie avancée

Dans certains cas, des tests d'imagerie plus avancés, comme l'IRM ou la scintigraphie osseuse, peuvent être recommandés. Ces tests fournissent des images plus détaillées des articulations et des tissus environnants, aidant à identifier des problèmes plus subtils ou à évaluer la gravité de l'arthrose.

5. Examen du liquide articulaire

Dans certains cas, votre vétérinaire peut recommander de prélever un échantillon de liquide synovial de l'articulation affectée. Cela peut aider à éliminer d'autres causes d'inflammation articulaire, comme une infection ou une maladie auto-immune.

Ce que cela signifie pour vous et votre chien

Il est naturel de se sentir anxieux ou inquiet face à la perspective de tests et d'examens médicaux pour votre chien. Cependant, il est essentiel de se rappeler que chaque test est une étape vers une meilleure compréhension de la condition de votre chien et, finalement, vers un plan de traitement efficace.

Votre vétérinaire vous guidera tout au long du processus, répondant à vos questions et vous fournissant des informations sur ce à quoi vous attendre à chaque étape. En travaillant en étroite collaboration avec votre vétérinaire, vous pouvez vous assurer que votre chien reçoit les meilleurs soins possibles.

Témoignage : L'histoire de Bella et sa bataille contre l'arthrose

Il y a des histoires qui, bien qu'elles soient personnelles, résonnent en chacun de nous. L'histoire de Bella est l'une d'entre elles. Une histoire de lutte, de persévérance, mais surtout, d'amour inconditionnel entre un chien et son propriétaire.

Les premiers signes

Bella, une labrador retriever au pelage chocolat, a toujours été une boule d'énergie. Depuis son plus jeune âge, elle courait après les balles, explorait les bois et nageait avec une joie contagieuse. Mais à l'âge de 7 ans, sa propriétaire, Claire, a commencé à remarquer de petits changements. Bella semblait hésiter avant de sauter sur le canapé, et ses promenades énergiques se transformaient en balades plus tranquilles.

La recherche de réponses

Inquiète, Claire a emmené Bella chez le vétérinaire. Après une série de tests, le diagnostic est tombé : arthrose. Claire était dévastée. Comment son chien si vif et si actif pouvait-il souffrir d'une telle maladie ?

La bataille de Bella

Avec le soutien de son vétérinaire, Claire a élaboré un plan de traitement pour Bella. Des médicaments pour soulager la douleur, des compléments alimentaires pour soutenir la santé des articulations, et des séances régulières de physiothérapie. Mais le plus important était l'amour et le soutien constants de Claire. Elle a adapté leur routine, créant des jeux moins intenses mais tout aussi amusants, et investissant dans un lit orthopédique pour Bella.

Les leçons apprises

L'histoire de Bella n'est pas seulement celle d'un chien et de sa bataille contre l'arthrose. C'est une histoire sur la résilience, l'adaptabilité et la force que l'on trouve dans l'amour et le soutien. Claire a appris l'importance de la détection précoce, de l'écoute des signes subtils et de l'adaptation à la nouvelle réalité de Bella.

Aujourd'hui, Bella, bien qu'un peu plus lente, vit toujours sa vie avec joie. Elle rappelle à Claire et à tous ceux qui la connaissent que, même face à l'adversité, avec de l'amour, du soutien et des soins appropriés, nos chiens peuvent continuer à vivre une vie pleine et heureuse.

Le voyage à travers le diagnostic de l'arthrose est bien plus qu'une série de tests et d'examens. C'est un parcours d'émotions, d'espoirs et parfois de craintes. Mais c'est aussi un rappel que, armés de la bonne information et soutenus par des professionnels dévoués, nous avons le pouvoir d'agir, de faire une différence dans la vie de nos chiens.

L'histoire de Bella nous montre que l'arthrose, bien que défiante, n'est pas insurmontable. Avec de la vigilance, de l'attention et une approche proactive, nous pouvons non seulement gérer la maladie, mais aussi offrir à nos chiens une vie remplie de joie, de confort et de bonheur.

Alors que nous avançons dans ce livre, gardez à l'esprit l'importance de la détection précoce, de la compréhension et de l'action. Car chaque chapitre, chaque information, est une étape vers une meilleure qualité de vie pour votre fidèle compagnon.

CHAPITRE 3

Naviguer dans le Monde des Solutions
Les Traitements Conventionnels

Lorsqu'il s'agit de traiter l'arthrose chez nos chiens, le monde médical offre une panoplie d'options. Des pilules aux procédures, chaque traitement a ses avantages, ses inconvénients et son moment approprié. Mais comment savoir quel chemin emprunter ? Comment équilibrer l'efficacité avec la sécurité, et comment s'assurer que nous offrons à nos chiens le meilleur soin possible ?

Dans ce chapitre, nous allons explorer les traitements conventionnels de l'arthrose. Nous plongerons dans le monde des médicaments et des suppléments, découvrirons les bienfaits de la physiothérapie et de la rééducation, et examinerons les circonstances dans lesquelles la chirurgie peut être une option nécessaire. À chaque étape, nous garderons à l'esprit l'objectif ultime : le bien-être et le confort de nos fidèles compagnons.

.

Médicaments et suppléments Alliés dans la lutte contre l'arthrose

Lorsque nous pensons aux traitements de l'arthrose, les médicaments et les suppléments sont souvent les premiers à venir à l'esprit. Et pour cause : ils constituent la première ligne de défense contre la douleur et l'inflammation associées à cette maladie dégénérative.

1. Médicaments anti-inflammatoires non stéroïdiens (AINS)

Les AINS sont l'un des traitements les plus couramment prescrits pour l'arthrose chez les chiens. Ils agissent en réduisant l'inflammation et la douleur dans les articulations. Parmi les AINS couramment utilisés, on trouve le carprofène, le méloxicam et le firocoxib. Bien qu'efficaces, il est essentiel de les utiliser sous surveillance vétérinaire, car ils peuvent avoir des effets secondaires, notamment sur le foie et les reins.

2. Suppléments pour la santé des articulations

Glucosamine et chondroïtine : Ces deux composés sont essentiels à la formation et à la réparation du cartilage. Ils sont souvent combinés dans des suppléments pour chiens et peuvent aider à ralentir la dégradation du cartilage et à améliorer la mobilité.

Acides gras oméga-3 : Ces acides gras essentiels, souvent dérivés de l'huile de poisson, ont des propriétés anti-inflammatoires naturelles. Ils peuvent aider à réduire l'inflammation des articulations et à améliorer la fonction articulaire.

3. Analgésiques

Pour les chiens souffrant de douleurs sévères, des analgésiques tels que le tramadol peuvent être prescrits. Ces médicaments agissent en bloquant la perception de la douleur, offrant un soulagement temporaire. Cependant, ils ne traitent pas la cause sous-jacente de la douleur et doivent être utilisés avec prudence.

4. Injections articulaires

Dans certains cas, des injections directement dans l'articulation affectée peuvent être recommandées. Ces injections peuvent contenir des stéroïdes pour réduire l'inflammation ou des agents viscosuppléants pour améliorer la lubrification de l'articulation.

La clé du succès avec les médicaments et les suppléments est la personnalisation. Chaque chien est unique, et ce qui fonctionne pour l'un peut ne pas fonctionner pour un autre. En travaillant en étroite collaboration avec votre vétérinaire, vous pouvez élaborer un plan de traitement qui répond aux besoins spécifiques de votre chien, garantissant ainsi le meilleur résultat possible.

Physiothérapie et rééducation

Lorsque nous pensons à la physiothérapie, nous imaginons souvent des humains en rééducation après une blessure ou une chirurgie. Cependant, la physiothérapie joue également un rôle essentiel dans le traitement de l'arthrose chez nos chiens. Elle offre une approche non invasive qui vise à améliorer la mobilité, renforcer les muscles et soulager la douleur.

1. Les bienfaits de la physiothérapie

L'amélioration de la mobilité : Les exercices de physiothérapie aident à étirer et à renforcer les muscles, ce qui peut améliorer la flexibilité et la gamme de mouvements de votre chien.

La réduction de la douleur : Les techniques de physiothérapie, comme le massage ou la thérapie par ultrasons, peuvent aider à soulager la douleur et l'inflammation des articulations.

La prévention de l'atrophie musculaire : En ciblant les muscles spécifiques autour des articulations affectées, la physiothérapie peut prévenir l'affaiblissement et l'atrophie musculaire.

2. Techniques courantes de physiothérapie

Le massage : Le massage thérapeutique aide à détendre les muscles tendus, à améliorer la circulation et à réduire l'inflammation.

La thérapie par ultrasons : Cette technique utilise des ondes sonores pour stimuler les tissus profonds, favorisant la guérison et réduisant la douleur.

L'hydrothérapie : L'exercice dans l'eau, souvent dans une piscine spécialement conçue, permet à votre chien de bouger sans mettre de poids sur ses articulations.

Les exercices de renforcement : Des exercices ciblés peuvent aider à renforcer les muscles autour des articulations affectées, offrant un soutien supplémentaire.

3. La rééducation : un complément à la physiothérapie

La rééducation va au-delà de la physiothérapie traditionnelle. Elle vise à réapprendre à votre chien certains mouvements ou comportements qui peuvent avoir été perdus en raison de la douleur ou de la restriction de mouvement. Cela peut inclure des exercices d'équilibre, des parcours d'obstacles ou des jeux spécifiques.

La physiothérapie et la rééducation offrent une approche holistique du traitement de l'arthrose. En combinant ces techniques avec des médicaments et des suppléments, vous pouvez offrir à votre chien une approche complète qui aborde non seulement les symptômes de l'arthrose mais aussi ses causes sous-jacentes.

La chirurgie : quand est-elle nécessaire ?

La chirurgie est souvent perçue avec appréhension. L'idée d'une intervention chirurgicale sur notre fidèle compagnon peut être source d'anxiété et de préoccupations. Cependant, dans certains cas, la chirurgie peut être la meilleure option pour soulager la douleur et améliorer la qualité de vie de votre chien.

1. Quand la chirurgie est-elle envisagée ?

La chirurgie est généralement envisagée lorsque les autres traitements, tels que les médicaments, les suppléments et la physiothérapie, ne parviennent pas à soulager suffisamment la douleur ou à améliorer la mobilité. Elle peut également être recommandée en cas de dommages articulaires sévères ou de déformations.

2. Les types d'interventions chirurgicales

Arthroplastie : Il s'agit du remplacement d'une articulation endommagée par une prothèse. Cette procédure est couramment utilisée pour les hanches et les genoux.

Arthroscopie : Une caméra miniature est insérée dans l'articulation pour évaluer et traiter les problèmes à l'intérieur de l'articulation.

Ostéotomie : Cette procédure consiste à couper et à repositionner les os pour améliorer l'alignement et la fonction de l'articulation.

Fusion articulaire : Dans les cas où l'articulation est gravement endommagée, elle peut être fusionnée pour prévenir la douleur.

3. La récupération post-opératoire

La période de récupération après une chirurgie est cruciale. Votre chien aura besoin de repos, mais aussi de rééducation pour retrouver sa force et sa mobilité. Il est essentiel de suivre les recommandations de votre vétérinaire et de travailler avec un physiothérapeute spécialisé pour garantir une récupération optimale.

4. Les risques et les avantages

Comme toute intervention chirurgicale, la chirurgie pour traiter l'arthrose comporte des risques, tels que les infections, les complications anesthésiques ou les problèmes liés à la cicatrisation. Cependant, pour de nombreux chiens, les avantages potentiels, comme une réduction significative de la douleur et une amélioration de la qualité de vie, l'emportent sur les risques.

La décision de recourir à la chirurgie pour traiter l'arthrose de votre chien ne doit pas être prise à la légère. Il est essentiel de peser les avantages et les inconvénients, de discuter en détail avec votre vétérinaire et de considérer toutes les autres options disponibles. Mais dans les bonnes circonstances, la chirurgie peut offrir à votre chien une nouvelle chance de vivre une vie pleine et active.

La santé et le bien-être de nos chiens sont au cœur de nos préoccupations. Face à l'arthrose, une maladie aussi insidieuse qu'envahissante, il est naturel de se sentir désemparé, voire impuissant. Mais comme nous l'avons vu tout au long de ce chapitre, il existe une multitude d'outils et de stratégies à notre disposition pour combattre cette affection.

Que ce soit à travers des médicaments et des suppléments, des séances de physiothérapie, ou même une intervention chirurgicale, chaque option a sa place dans l'arsenal thérapeutique contre l'arthrose. L'essentiel est de comprendre ces options, de les adapter aux besoins spécifiques de notre chien et de travailler en étroite collaboration avec des professionnels de la santé animale.

La route vers le soulagement de l'arthrose peut être longue et semée d'embûches, mais avec de l'information, de la détermination et un amour inconditionnel pour nos compagnons à quatre pattes, nous pouvons les guider vers une vie plus confortable et épanouissante.

.

CHAPITRE 4

Au-delà de la Médecine Traditionnelle
Les Approches Holistiques

Dans notre quête incessante pour offrir à nos chiens la meilleure qualité de vie possible, il est parfois facile d'oublier que la guérison peut prendre de nombreuses formes. Au-delà des traitements conventionnels, il existe un monde riche en approches holistiques qui considèrent l'animal dans sa globalité, intégrant le corps, l'esprit et l'environnement.

Ce chapitre nous invite à explorer ces méthodes alternatives et complémentaires. Des remèdes naturels aux bienfaits de l'acupuncture, en passant par l'importance cruciale de la nutrition et des exercices adaptés, nous découvrirons comment ces approches peuvent non seulement soulager les symptômes de l'arthrose, mais aussi renforcer la santé globale de nos fidèles compagnons.

L'approche holistique nous rappelle que chaque chien est unique, et que sa guérison nécessite une attention personnalisée, adaptée à ses besoins spécifiques. C'est une invitation à écouter, à observer et à répondre avec compassion et compréhension.

La puissance des remèdes naturels

Dans un monde où la médecine moderne domine, il est facile d'oublier que pendant des millénaires, nos ancêtres se sont tournés vers la nature pour trouver des remèdes à leurs maux. Les remèdes naturels, issus de plantes, de minéraux et d'autres ressources terrestres, ont été utilisés avec succès pour traiter une multitude de maladies, y compris l'arthrose.

1. Les herbes médicinales

Harpagophytum (Griffe du diable) *:* Cette plante originaire d'Afrique du Sud est réputée pour ses propriétés anti-inflammatoires. Elle peut aider à réduire la douleur et l'inflammation associées à l'arthrose.

Curcuma : Bien connu comme épice, le curcuma contient de la curcumine, un composé aux puissantes propriétés anti-inflammatoires. Il peut être ajouté à l'alimentation de votre chien ou pris sous forme de supplément.

Gingembre : Cette racine a des propriétés anti-inflammatoires et peut aider à soulager la douleur articulaire.

2. Les huiles essentielles

Huile d'eucalyptus : Appliquée localement, elle peut aider à réduire la douleur et l'inflammation grâce à ses propriétés analgésiques.

Huile de lavande : Connue pour ses propriétés relaxantes, elle peut aider à détendre les muscles tendus autour des articulations affectées.

3. Les suppléments naturels

Huile de bourrache et huile d'onagre : Ces huiles sont riches en acides gras gamma-linoléniques, qui ont des propriétés anti-inflammatoires. Elles peuvent aider à réduire l'inflammation et la douleur associées à l'arthrose.

Ortie : Traditionnellement utilisée pour ses propriétés anti-inflammatoires, l'ortie peut être administrée sous forme de complément ou d'infusion pour aider à soulager les symptômes de l'arthrose.

Saule blanc : Le saule blanc contient de la salicine, une substance similaire à l'aspirine. Il est souvent utilisé comme analgésique et anti-inflammatoire naturel.

Collagène : Cette protéine est essentielle à la santé des articulations. Des suppléments de collagène, souvent issus de poissons ou de bovins, peuvent aider à renforcer le cartilage et à améliorer la mobilité..

Les remèdes naturels offrent une alternative douce et souvent efficace aux traitements conventionnels. Cependant, il est essentiel de se rappeler que chaque chien est unique. Avant d'introduire un nouveau remède naturel dans la routine de votre chien, consultez toujours votre vétérinaire pour vous assurer qu'il est sûr et adapté à ses besoins spécifiques.

Acupuncture et chiropratique pour chiens

Lorsque nous parlons de médecine alternative, l'acupuncture et la chiropratique sont souvent évoquées. Bien que ces méthodes soient anciennes et largement reconnues pour les humains, elles gagnent en popularité pour le traitement des affections chez nos amis à quatre pattes, notamment l'arthrose.

1. L'acupuncture : Une tradition millénaire

Qu'est-ce que l'acupuncture ? L'acupuncture est une pratique issue de la médecine traditionnelle chinoise qui consiste à insérer de fines aiguilles en des points précis du corps pour rétablir l'équilibre énergétique et favoriser la guérison.

Comment cela fonctionne-t-il pour les chiens ? Tout comme chez les humains, l'acupuncture stimule la libération d'endorphines, des substances naturelles qui soulagent la douleur. Elle peut également améliorer la circulation sanguine et réduire l'inflammation.

Les bienfaits : Outre le soulagement de la douleur, l'acupuncture peut améliorer la mobilité, réduire l'anxiété et favoriser un état de relaxation chez le chien.

2. La chiropratique : Alignement et mobilité

Qu'est-ce que la chiropratique ? La chiropratique se concentre sur le diagnostic, le traitement et la prévention des troubles musculo-squelettiques, en particulier ceux de la colonne vertébrale.

Comment cela fonctionne-t-il pour les chiens ? Un chiropraticien animalier utilise ses mains pour effectuer des ajustements précis des vertèbres ou d'autres articulations, permettant ainsi de rétablir la mobilité et de soulager la douleur.

Les bienfaits : La chiropratique peut aider à améliorer la posture du chien, à réduire la douleur et à augmenter la flexibilité. Elle est particulièrement bénéfique pour les chiens souffrant d'arthrose, car elle permet de réduire la pression sur les articulations douloureuses.

L'acupuncture et la chiropratique offrent des approches non invasives pour traiter l'arthrose chez les chiens. En combinant ces méthodes avec d'autres traitements, qu'ils soient conventionnels ou naturels, nous pouvons offrir à nos chiens une approche holistique qui vise non seulement à traiter les symptômes, mais aussi à améliorer leur qualité de vie globale.

L'importance de la nutrition

"Tu es ce que tu manges." Cette maxime, bien que souvent associée à la santé humaine, est tout aussi pertinente pour nos fidèles compagnons. La nutrition joue un rôle crucial dans la santé globale de nos chiens, et plus particulièrement dans la gestion et la prévention de l'arthrose.

1. Les bases d'une alimentation équilibrée

Protéines de qualité : Les protéines sont essentielles à la construction et à la réparation des tissus. Optez pour des sources de protéines de haute qualité, comme la viande maigre, la volaille ou le poisson.

Acides gras essentiels : Les oméga-3 et oméga-6 aident à réduire l'inflammation. On les trouve dans l'huile de poisson, les graines de lin et l'huile de bourrache.

Vitamines et minéraux : Des éléments comme la vitamine C, la vitamine E et le sélénium ont des propriétés antioxydantes qui peuvent aider à combattre les dommages cellulaires.

2. Aliments à éviter

Certains aliments peuvent exacerber les symptômes de l'arthrose ou contribuer à l'inflammation. Il est préférable d'éviter les céréales raffinées, les sucres ajoutés et les graisses saturées.

3. Suppléments bénéfiques

Glucosamine et chondroïtine : Ces composés sont essentiels à la santé des articulations et peuvent aider à réparer le cartilage endommagé.

Curcuma et boswellia : Ces herbes ont des propriétés anti-inflammatoires et peuvent être ajoutées à l'alimentation sous forme de supplément.

4. L'hydratation : la clé de la mobilité

Une hydratation adéquate est essentielle pour maintenir la viscosité du liquide synovial, qui lubrifie les articulations. Assurez-vous que votre chien ait toujours accès à de l'eau fraîche.

La nutrition est bien plus qu'une simple alimentation. C'est un pilier essentiel de la santé et du bien-être de nos chiens. En offrant à nos compagnons une alimentation équilibrée, riche en nutriments bénéfiques et adaptée à leurs besoins, nous leur donnons les outils nécessaires pour combattre l'arthrose et vivre une vie pleine et active.

Des exercices doux et adaptés

L'arthrose, bien qu'elle puisse limiter la mobilité, ne signifie pas que votre chien doit mener une vie sédentaire. Au contraire, un mouvement régulier et adapté peut être l'un des meilleurs remèdes pour maintenir la souplesse des articulations et renforcer les muscles qui les soutiennent.

1. L'importance de l'exercice

Maintien de la mobilité : Les articulations sont conçues pour bouger. Un mouvement régulier aide à distribuer le liquide synovial, qui agit comme un lubrifiant, réduisant ainsi la friction et la douleur.

Renforcement musculaire : Des muscles forts soutiennent les articulations, réduisant ainsi la pression sur elles et aidant à prévenir d'autres dommages.

Gestion du poids : L'exercice aide à maintenir un poids santé, ce qui est crucial pour les chiens souffrant d'arthrose. Moins de poids signifie moins de stress sur les articulations.

2. Exercices recommandés

Marches courtes et régulières : Plutôt que de longues

promenades, optez pour des sorties plus courtes et plus fréquentes. Cela permet de garder les articulations en mouvement sans les surmener.

Nage : La natation est un excellent exercice à faible impact pour les chiens. L'eau soutient le poids du chien, réduisant ainsi la pression sur les articulations tout en permettant un mouvement complet.

Jeux doux : Des jeux comme "cherche" peuvent être adaptés pour être moins intenses. Utilisez des jouets qui encouragent des mouvements doux et évitez les jeux qui impliquent des sauts ou des mouvements brusques.

Étirements : Avec l'aide de votre vétérinaire ou d'un physiothérapeute animalier, apprenez des étirements doux que vous pouvez faire avec votre chien pour améliorer la flexibilité.

3. Précautions à prendre

Surfaces douces : Lorsque vous faites de l'exercice avec votre chien, choisissez des surfaces douces comme l'herbe ou le sable pour réduire l'impact sur les articulations.

Évitez les mouvements brusques : Les mouvements soudains ou les sauts peuvent causer des dommages supplémentaires aux articulations déjà affaiblies.

Surveillez les signes de douleur : Soyez attentif aux signes que votre chien pourrait montrer, comme boiter ou hésiter à bouger. Si vous remarquez ces signes, il est temps de faire une pause.

L'exercice, lorsqu'il est adapté aux besoins de votre chien, peut être un outil puissant dans la gestion de l'arthrose. Il est essentiel de travailler en étroite collaboration avec votre vétérinaire pour élaborer un plan d'exercice qui convient à votre chien et de surveiller régulièrement son état pour s'assurer qu'il bénéficie des mouvements sans ressentir de douleur.

L'arthrose, bien qu'elle soit une maladie dégénérative, n'est pas une condamnation à une vie de douleur et d'immobilité pour nos fidèles compagnons. Comme nous l'avons exploré tout au long de ce chapitre, il existe une multitude d'approches et de stratégies holistiques qui peuvent transformer la vie de votre chien, lui offrant soulagement, mobilité et joie.

La nature nous offre une abondance de remèdes, des plantes médicinales aux minéraux, qui peuvent soutenir la santé des articulations. Les traditions ancestrales, comme l'acupuncture, se combinent harmonieusement avec les connaissances modernes pour offrir des traitements innovants. La nutrition, souvent négligée, est le pilier sur lequel repose la santé globale, et un régime bien équilibré peut faire des merveilles pour un chien souffrant d'arthrose. Enfin, l'exercice, adapté et réalisé avec amour et attention, peut renforcer le corps tout en nourrissant l'âme.

En tant que propriétaires dévoués, nous avons le pouvoir et la responsabilité de chercher et d'appliquer les meilleures solutions pour nos chiens. Chaque chien est unique, et ce qui fonctionne pour l'un peut ne pas fonctionner pour l'autre. C'est pourquoi il est essentiel d'adopter une approche personnalisée, en collaboration avec des professionnels de la santé animale.

En fin de compte, notre objectif est simple : offrir à nos

chiens une vie pleine de moments joyeux, de balades au parc, de jeux et de câlins. Avec les bonnes informations, une dose de persévérance et beaucoup d'amour, nous pouvons aider nos chiens à naviguer dans les défis de l'arthrose et à vivre chaque jour avec bonheur et épanouissement.

CHAPITRE 5

Témoignages et Études de Cas Des Histoires Inspirantes de Triomphe sur l'Arthrose

Chaque chien est unique, tout comme chaque histoire de lutte contre l'arthrose. Derrière chaque diagnostic se cache une histoire de détermination, d'innovation et d'amour inconditionnel. Ce chapitre est dédié à ces histoires. À travers les témoignages de propriétaires et les parcours de leurs chiens, nous découvrirons comment différentes approches et traitements peuvent transformer la vie de nos compagnons à quatre pattes.

Ces études de cas ne sont pas seulement des récits de guérison ; elles sont des sources d'inspiration. Elles montrent que, face à l'adversité, avec les bonnes ressources et une détermination sans faille, il est possible de surmonter les défis les plus difficiles. Ces histoires sont le témoignage vivant que l'arthrose, bien qu'elle soit une maladie complexe, peut être gérée avec succès, offrant à nos chiens une qualité de vie qu'ils méritent.

De l'acupuncture à la nutrition, en passant par une combinaison de thérapies, ces témoignages illustrent la diversité des approches disponibles pour traiter l'arthrose. Ils mettent en lumière l'importance de la personnalisation des soins, car ce qui fonctionne pour un chien peut ne pas fonctionner pour un autre.

Alors, plongeons dans ces histoires. Laissez-vous inspirer par

Max, Luna et Rocky, et découvrez comment, avec de la persévérance, de l'innovation et beaucoup d'amour, ils ont trouvé leur chemin vers une vie plus heureuse et plus épanouie.

Max : L'acupuncture a changé sa vie

Max, un berger allemand de 9 ans, avait toujours été un chien actif et joueur. Mais avec le temps, ses propriétaires, Caroline et Marc, ont remarqué un changement. Max semblait moins enjoué, hésitait à monter les escaliers et évitait les longues promenades qu'il aimait tant auparavant. Après une visite chez le vétérinaire, le diagnostic est tombé : arthrose des hanches.

Caroline et Marc étaient déterminés à trouver une solution pour soulager la douleur de Max. Ils ont essayé différents médicaments et suppléments, mais les effets étaient temporaires, et Max avait des effets secondaires indésirables. C'est alors qu'ils ont entendu parler de l'acupuncture pour chiens.

1. La découverte de l'acupuncture

Caroline a lu un article sur les bienfaits de l'acupuncture pour les chiens souffrant d'arthrose. Intriguée, elle a commencé à rechercher des vétérinaires spécialisés dans cette pratique. Elle a trouvé le Dr Dupont, un vétérinaire qui combinait la médecine traditionnelle avec des approches alternatives comme l'acupuncture.

2. Les premières séances

Lors de la première séance, le Dr Dupont a examiné Max et a placé plusieurs aiguilles fines à des points spécifiques de son corps. Max était un peu nerveux au début, mais il s'est rapidement détendu. Après la séance, Caroline et Marc ont remarqué que Max semblait plus à l'aise et marchait avec moins de raideur.

3. Les résultats surprenants

Après plusieurs séances d'acupuncture, la transformation de Max était évidente. Non seulement il marchait avec plus d'aisance, mais il avait également retrouvé sa joie de vivre. Les jeux de balle dans le jardin, les promenades dans le parc, tout ce que Max aimait était de retour dans sa routine.

4. Le témoignage de Caroline et Marc

"Nous étions sceptiques au début", avoue Caroline. "Mais voir Max s'épanouir à nouveau grâce à l'acupuncture a été une révélation. Nous sommes tellement reconnaissants au Dr Dupont d'avoir introduit cette thérapie dans la vie de Max."

Marc ajoute : "L'arthrose est une maladie difficile, mais avec les bonnes ressources et une approche ouverte, il est possible de trouver des solutions qui fonctionnent. L'acupuncture a été cette solution pour Max."

L'histoire de Max est un témoignage de la puissance des thérapies alternatives dans le traitement de l'arthrose chez les chiens. Elle montre que, parfois, sortir des sentiers battus et explorer de nouvelles approches peut offrir des résultats inattendus et transformer la vie de nos fidèles compagnons.

Luna : La transformation grâce à la diète

Luna, une adorable labrador retriever de couleur chocolat, a toujours été le rayon de soleil de la famille Dubois. Avec son pelage brillant et ses yeux pétillants, elle était le symbole même de la santé. Cependant, à l'âge de 7 ans, Luna a commencé à montrer des signes de raideur dans ses mouvements, et sa vivacité habituelle semblait s'estomper.

Après une série de tests, le vétérinaire a confirmé que Luna souffrait d'arthrose. La famille Dubois était dévastée. Mais plutôt que de se résigner, ils ont décidé d'explorer toutes les avenues possibles pour aider Luna. C'est ainsi qu'ils ont découvert le pouvoir de la nutrition.

1. La prise de conscience

Mme Dubois a assisté à une conférence sur la nutrition canine et a été frappée par une révélation : la nourriture que nous donnons à nos chiens peut soit les guérir, soit les blesser. Elle a appris que certains aliments pouvaient exacerber l'inflammation, tandis que d'autres pouvaient la réduire.

2. La transition vers une nouvelle diète

Avec l'aide d'un nutritionniste vétérinaire, la famille Dubois a élaboré un régime alimentaire spécifique pour Luna. Ils ont introduit des aliments riches en oméga-3, comme le saumon et les graines de lin, et ont éliminé ceux qui étaient pro-inflammatoires. Ils ont également ajouté des suppléments naturels, comme la glucosamine et la chondroïtine, pour soutenir la santé des articulations de Luna.

3. Les effets remarquables de la diète

Au bout de quelques mois, la transformation de Luna était évidente. Elle se déplaçait avec plus d'aisance, sa raideur avait diminué, et elle avait retrouvé sa joie de vivre. Son pelage était plus brillant, et elle semblait globalement plus heureuse et en meilleure santé.

4. Le témoignage de la famille Dubois

"Nous n'aurions jamais imaginé que changer l'alimentation de Luna pourrait avoir un impact aussi profond", confie M. Dubois. "C'était comme si nous avions retrouvé notre jeune chienne."

Mme Dubois ajoute : "La nutrition est bien plus qu'un simple carburant pour le corps. C'est une médecine, et elle a le pouvoir de guérir. Nous sommes tellement reconnaissants d'avoir découvert cela à temps pour Luna."

L'histoire de Luna est un rappel puissant de l'importance de la nutrition dans la santé globale de nos chiens. Elle démontre que, avec les bonnes informations et une approche proactive, il est possible de gérer des conditions comme l'arthrose de manière naturelle et efficace.

Rocky : La combinaison de thérapies pour une renaissance

Rocky, un bouledogue français au caractère bien trempé, a toujours été le centre d'attention de la famille Leroux. Malgré sa petite taille, il avait une énergie débordante et un amour pour la vie qui était contagieux. Cependant, à l'âge de 6 ans, les choses ont commencé à changer. Rocky semblait moins enthousiaste, évitait les jeux et passait plus de temps à se reposer.

Après une consultation vétérinaire, la famille Leroux a appris que Rocky souffrait d'arthrose précoce. Face à ce diagnostic, ils étaient déterminés à trouver une solution globale pour leur petit compagnon.

1. Une approche multi-facettes

Conscients qu'une seule méthode pourrait ne pas suffire, la famille Leroux a décidé d'adopter une approche combinée. Ils ont consulté différents spécialistes et ont élaboré un plan de traitement intégré pour Rocky.

2. La synergie des traitements

Physiothérapie : Deux fois par semaine, Rocky bénéficiait de séances de physiothérapie pour renforcer ses muscles et améliorer sa mobilité.

Suppléments alimentaires : Sur les conseils de leur vétérinaire, ils ont introduit des suppléments comme la glucosamine et la chondroïtine dans l'alimentation de Rocky.

Acupuncture : Une fois par mois, Rocky recevait des séances d'acupuncture pour aider à soulager la douleur et stimuler la circulation.

3. La transformation de Rocky

Avec cette combinaison de thérapies, Rocky a commencé à montrer des signes d'amélioration. Ses mouvements étaient plus fluides, il jouait à nouveau et semblait généralement plus heureux. La famille Leroux était émerveillée de voir à quel point une approche intégrée pouvait être bénéfique.

4. Le témoignage de la famille Leroux

"Nous avons toujours cru en l'importance d'une approche holistique de la santé", déclare Mme Leroux. "Voir Rocky s'épanouir à nouveau grâce à cette combinaison de thérapies a renforcé cette conviction."

M. Leroux ajoute : "Chaque chien est unique, et ce qui

fonctionne pour l'un peut ne pas fonctionner pour l'autre. Il est essentiel d'être ouvert à différentes méthodes et de trouver ce qui convient le mieux à votre chien."

L'histoire de Rocky est un témoignage inspirant de la manière dont une combinaison de thérapies peut offrir une solution complète pour gérer l'arthrose chez les chiens. Elle souligne l'importance d'une approche personnalisée et de la collaboration entre différents spécialistes pour obtenir les meilleurs résultats possibles.

Les histoires de Max, Luna et Rocky ne sont pas seulement des témoignages de la lutte contre l'arthrose ; elles sont des symboles d'espoir, de détermination et d'amour inébranlable. Chaque chien, avec le soutien de sa famille dévouée, a trouvé sa propre voie vers le bien-être, démontrant que l'arthrose, bien que défiante, n'est pas insurmontable.

Ces études de cas illustrent la diversité des approches disponibles pour traiter l'arthrose chez les chiens. Qu'il s'agisse de l'acupuncture, de la nutrition, d'une combinaison de thérapies ou d'autres méthodes, l'élément clé est la personnalisation des soins. Chaque chien est unique, et ce qui fonctionne pour l'un peut ne pas fonctionner pour l'autre.

En tant que propriétaires, nous sommes les premiers défenseurs de nos chiens. Armés de connaissances, de ressources et d'une volonté indomptable, nous avons le pouvoir de transformer la vie de nos compagnons, même face à des défis comme l'arthrose.

En fin de compte, ces histoires nous rappellent une vérité fondamentale : l'amour, combiné à la science et à la persévérance, peut accomplir des merveilles. Et chaque jour que nous passons avec nos chiens, chaque moment de joie, chaque jeu, chaque câlin, est une célébration de cette victoire.

CHAPITRE 6

Prévention et Soins Quotidiens : Protéger Nos Chiens Avant Que L'Arthrose Ne Frappe

L'arthrose est une réalité que de nombreux propriétaires de chiens doivent affronter. Mais avant que les premiers signes n'apparaissent, avant que les premières douleurs ne se manifestent, il y a des mesures que nous pouvons prendre. Des mesures pour protéger nos chiens, pour minimiser les risques, pour leur offrir un environnement où ils peuvent s'épanouir sans la menace constante de cette maladie dégénérative.

Ce chapitre est dédié à cette prévention. Il est dédié à ces petits gestes quotidiens, ces ajustements dans notre routine, qui peuvent faire une grande différence dans la vie de nos compagnons à quatre pattes. Car si traiter l'arthrose est essentiel, la prévenir est tout aussi crucial.

Nous explorerons comment adapter notre habitat pour le rendre plus sûr et plus confortable pour nos chiens, quels jouets et accessoires peuvent les aider à rester actifs sans risque, et comment nous pouvons éviter les facteurs qui augmentent le risque d'arthrose.

Chaque jour est une opportunité pour prendre soin de nos chiens, pour les protéger et les chérir. Avec les bonnes informations et une approche proactive, nous pouvons leur offrir une vie pleine de joie, de jeux et de bonheur, sans la menace de l'arthrose.

Mes conseils pour un habitat adapté

L'environnement dans lequel vit votre chien joue un rôle crucial dans sa santé globale, en particulier lorsqu'il s'agit de prévenir ou de gérer des affections comme l'arthrose. Un habitat bien adapté peut non seulement réduire le risque de blessures, mais aussi améliorer considérablement la qualité de vie de votre compagnon à quatre pattes. Voici quelques conseils pour transformer votre maison en un havre de paix pour votre chien.

1. Surfaces antidérapantes

Les sols glissants, comme le carrelage ou le parquet, peuvent être difficiles pour un chien souffrant d'arthrose. Il est essentiel d'ajouter des tapis antidérapants ou des coussinets pour éviter les glissades et les chutes.

2. Accès facilité

Si votre maison a plusieurs étages, envisagez d'installer une rampe ou des marches pour aider votre chien à monter et descendre sans effort. Cela réduit la pression sur ses articulations et prévient les douleurs.

3. Couchage confortable

Un bon lit orthopédique peut faire des merveilles pour un chien arthritique. Recherchez des lits avec un bon soutien et une mousse à mémoire de forme pour offrir un confort optimal.

4. Zones sans obstacles

Assurez-vous que les zones de déplacement fréquentes de votre chien sont exemptes d'obstacles. Cela permet à votre chien de se déplacer librement et en toute sécurité.

5. Points d'eau accessibles

Placez des bols d'eau à des endroits stratégiques de la maison pour que votre chien puisse se désaltérer sans avoir à parcourir de longues distances.

6. Température ambiante

Les chiens arthritiques peuvent être sensibles aux variations de température. Gardez votre maison à une température confortable, et envisagez d'utiliser des couvertures chauffantes pendant les mois froids.

Adapter votre habitat pour votre chien n'est pas seulement une question de confort, c'est une question de bien-être. Chaque ajustement, chaque modification, est un pas de plus vers une vie plus heureuse et plus saine pour votre fidèle compagnon. Après tout, ils méritent tout le confort et l'amour que nous pouvons leur offrir.

Jouets et accessoires recommandés : Stimuler sans stresser

L'activité physique est essentielle pour la santé et le bien-être de nos chiens, mais pour ceux souffrant d'arthrose, il est crucial de trouver un équilibre entre stimulation et sécurité. Heureusement, il existe une multitude de jouets et d'accessoires conçus spécifiquement pour offrir à nos compagnons à quatre pattes l'amusement qu'ils méritent tout en prenant soin de leurs articulations fragiles.

1. Jouets interactifs :

Ces jouets sont conçus pour stimuler mentalement votre chien sans nécessiter de mouvements brusques. Des puzzles canins aux jouets distributeurs de friandises, ils offrent à votre chien une distraction tout en le faisant travailler doucement.

2. Balles à rebond contrôlé :

Contrairement aux balles traditionnelles, ces balles ont un rebond prévisible, ce qui permet à votre chien de jouer sans faire de mouvements soudains qui pourraient stresser ses articulations.

3. Jouets flottants :

Si votre chien aime l'eau, les jouets flottants sont parfaits. La natation est une excellente activité à faible impact pour les chiens arthritiques, et ces jouets ajoutent un élément ludique à l'expérience.

4. Harnais orthopédique :

Pour les chiens ayant des difficultés à se déplacer, un harnais orthopédique peut être d'une grande aide. Il offre un soutien supplémentaire, permettant à votre chien de se déplacer plus facilement et en toute sécurité.

5. Tapis de massage :

Ces tapis sont conçus pour offrir à votre chien une expérience de massage relaxante. Ils peuvent aider à soulager la douleur et à détendre les muscles tendus.

6. Chaussures orthopédiques :

Si votre chien a du mal à marcher sur des surfaces dures, ces chaussures peuvent offrir le soutien et la protection dont il a besoin.

Chaque chien est unique, et ce qui fonctionne pour l'un peut ne pas fonctionner pour l'autre. L'important est de prêter attention aux besoins et aux préférences de votre chien et de choisir des jouets et des accessoires qui lui offrent à la fois amusement et confort. Avec les bons outils, même un chien souffrant d'arthrose peut profiter pleinement de la vie et des plaisirs simples qu'elle offre..

Comment éviter les facteurs de risque

L'arthrose chez les chiens n'est pas toujours évitable, mais il existe des facteurs de risque que nous pouvons contrôler pour minimiser les chances de son apparition. En tant que propriétaires responsables, il est de notre devoir de comprendre ces facteurs et de prendre des mesures proactives pour protéger nos fidèles compagnons.

1. Le surpoids et obésité :

Le surpoids est l'un des principaux facteurs de risque de l'arthrose. Chaque kilo supplémentaire exerce une pression sur les articulations de votre chien. Assurez-vous de fournir une alimentation équilibrée et de surveiller régulièrement le poids de votre chien.

2. L'activité physique excessive :

Tout comme le manque d'exercice peut être préjudiciable, une activité excessive, en particulier sur des surfaces dures, peut également augmenter le risque d'arthrose. Évitez les jeux brusques et les sauts répétés, surtout chez les chiots en pleine croissance.

3. Les blessures et traumatismes :

Les blessures articulaires peuvent augmenter le risque d'arthrose à l'avenir. Si votre chien se blesse, assurez-vous qu'il reçoive les soins appropriés et suivez les recommandations de votre vétérinaire pour une récupération complète.

4. La génétique :

Chaque chien, quels que soient sa race ou son âge, peut être touché par l'arthrose. Cependant, certaines races sont génétiquement prédisposées à cette affection. Comprendre ces prédispositions peut aider les propriétaires à être plus vigilants et à prendre des mesures préventives dès le plus jeune âge de leur compagnon.

Labrador Retriever :

Reconnus pour leur nature amicale et leur dévouement, les Labradors sont malheureusement prédisposés à des problèmes articulaires, notamment la dysplasie de la hanche, qui peut conduire à l'arthrose.

Berger Allemand :

Ces chiens loyaux et travailleurs sont souvent touchés par la dysplasie de la hanche et du coude, deux affections qui augmentent le risque d'arthrose.

Golden Retriever :

Tout comme les Labradors, les Golden Retrievers sont sujets à la dysplasie de la hanche, ce qui les rend plus vulnérables à l'arthrose à mesure qu'ils vieillissent.

Rottweiler :

Malgré leur stature robuste, les Rottweilers sont souvent touchés par des problèmes articulaires, notamment la dysplasie du coude.

Bouledogue Anglais :

Avec leur physique distinctif, les Bouledogues Anglais peuvent souffrir de divers problèmes de santé, dont l'arthrose, en raison de leur conformation.

Mastiff :

Les grandes races comme le Mastiff ont souvent des problèmes articulaires en raison de leur taille et de leur poids, ce qui peut conduire à l'arthrose.

Saint-Bernard :

Ces géants doux, bien que paisibles, sont malheureusement prédisposés à des problèmes de santé tels que la dysplasie de la hanche.

La connaissance des prédispositions génétiques de votre chien peut vous permettre d'agir en amont. Une surveillance régulière, des visites vétérinaires fréquentes et une attention particulière à leur mode de vie peuvent aider à minimiser les risques et à garantir une vie longue et heureuse à ces races magnifiques.

5. La nutrition inadéquate :

Une alimentation déséquilibrée peut contribuer à l'arthrose. Assurez-vous de fournir à votre chien une alimentation riche en nutriments essentiels pour la santé des articulations, comme les acides gras oméga-3.

6. Le vieillissement :

Avec l'âge, le risque d'arthrose augmente. Bien que nous ne puissions pas arrêter le temps, nous pouvons offrir à nos chiens âgés des soins adaptés pour minimiser les symptômes.

La prévention est toujours préférable à la guérison. En comprenant les facteurs de risque de l'arthrose et en prenant des mesures pour les éviter, nous pouvons offrir à nos chiens une meilleure qualité de vie. Chaque geste compte, chaque décision importe. Protégeons nos chiens comme ils nous protègent, avec amour, dévouement et attention.

L'Engagement d'une Vie

La vie avec un chien est un voyage, rempli de joies, de défis et d'innombrables moments de bonheur. Mais comme pour tout voyage, il est essentiel d'être bien préparé. L'arthrose, bien qu'elle soit une réalité pour de nombreux chiens, n'est pas une fatalité. Avec les bonnes informations, une attention constante et un amour inconditionnel, nous pouvons faire une différence significative dans la vie de nos compagnons à quatre pattes.

Ce chapitre nous a guidés à travers les étapes essentielles pour créer un environnement sûr et stimulant pour nos chiens, pour les protéger des facteurs de risque et pour leur offrir les meilleurs soins possibles. Chaque conseil, chaque recommandation, est un pas vers une vie meilleure pour eux.

En tant que propriétaires, nous avons la responsabilité de veiller au bien-être de nos chiens. Cela va bien au-delà de la simple fourniture de nourriture et d'un abri. Cela signifie comprendre leurs besoins, anticiper leurs défis et être toujours là pour eux, à chaque étape du chemin.

Alors que nous clôturons ce chapitre, souvenons-nous de l'importance de la prévention. Protégeons nos chiens avant que les problèmes n'apparaissent. Aimons-les, choyons-les et faisons tout notre possible pour leur offrir une vie pleine de santé, de bonheur et d'amour.

CHAPITRE 7

La Relation Propriétaire-Chien : Un Lien Incommensurable

La relation entre un chien et son propriétaire est l'une des plus belles et des plus profondes qui soit. Elle transcende les simples interactions quotidiennes pour devenir une véritable communion d'âmes. Nos chiens ne sont pas de simples animaux de compagnie ; ils sont nos confidents, nos compagnons de vie, nos sources inépuisables de joie et d'amour. Et lorsque la maladie ou la douleur frappe, cette relation est mise à l'épreuve.

L'arthrose, comme nous l'avons vu tout au long de ce livre, est un défi non seulement pour le chien, mais aussi pour le propriétaire. Elle exige de nous une compréhension, une patience et une détermination accrues. Mais plus que tout, elle nous rappelle l'importance de la connexion émotionnelle que nous partageons avec nos chiens.

Ce chapitre se penche sur la profondeur de la relation propriétaire-chien, en particulier dans le contexte de l'arthrose. Nous explorerons l'importance du soutien émotionnel, la nécessité de reconnaître et de répondre aux besoins changeants de notre chien, et comment créer une routine quotidienne qui enrichit non seulement la vie de notre chien, mais aussi la nôtre.

Car au cœur de chaque défi, de chaque douleur, il y a une opportunité. L'opportunité de renforcer notre lien, de montrer à nos chiens à quel point nous les aimons, et de les guider à travers les tempêtes avec compassion, dévouement et amour inébranlable.

L'importance du soutien émotionnel

Lorsque nous pensons à la santé et au bien-être de nos chiens, nous nous concentrons souvent sur les aspects physiques : une alimentation équilibrée, de l'exercice régulier, des visites chez le vétérinaire. Mais il y a un autre aspect, tout aussi crucial, qui mérite notre attention : le bien-être émotionnel de nos compagnons à quatre pattes.

1. Les chiens ressentent :

Tout comme nous, les chiens éprouvent une gamme d'émotions. Ils peuvent ressentir de la joie, de la tristesse, de l'anxiété ou de la peur. Lorsqu'ils sont confrontés à une maladie comme l'arthrose, ces émotions peuvent être amplifiées. Ils peuvent se sentir frustrés par leur incapacité à bouger librement ou anxieux à cause de la douleur qu'ils ressentent.

2. Le rôle du propriétaire :

En tant que propriétaires, nous jouons un rôle essentiel dans la gestion de ces émotions. Notre soutien, notre compréhension et notre amour peuvent faire toute la différence. Un chien qui se sent aimé et soutenu est plus susceptible de faire face à la douleur et à l'inconfort avec résilience.

3. La communication non verbale :

Les chiens communiquent principalement par le biais du

langage corporel. Il est donc essentiel d'être attentif aux signaux qu'ils nous envoient. Un chien qui se replie sur lui-même, qui évite le contact visuel ou qui change ses habitudes peut exprimer un malaise émotionnel.

4. Des moments de qualité :

Passer du temps de qualité avec votre chien, que ce soit en jouant doucement, en le caressant ou simplement en étant à ses côtés, peut avoir un impact profond sur son bien-être émotionnel. Ces moments renforcent le lien entre vous et offrent à votre chien le réconfort dont il a besoin.

5. La routine rassure :

Les chiens aiment la routine. Elle leur donne un sentiment de sécurité. Même si l'arthrose peut nécessiter des ajustements dans la routine quotidienne, il est essentiel de maintenir une certaine régularité pour rassurer votre chien.

Le soutien émotionnel n'est pas un luxe ; c'est une nécessité. Dans le voyage de la gestion de l'arthrose, il est le pilier sur lequel repose la guérison. En offrant à nos chiens l'amour, le soutien et la compréhension dont ils ont besoin, nous leur donnons les meilleures chances de vivre une vie pleine et heureuse, malgré les défis qu'ils peuvent rencontrer.

Reconnaître et répondre aux besoins de votre chien

Chaque chien est unique, avec ses propres besoins, désirs et manières de communiquer. En tant que propriétaires, nous avons la responsabilité non seulement de reconnaître ces besoins, mais aussi d'y répondre de manière appropriée. C'est particulièrement vrai lorsque nous sommes confrontés à des défis tels que l'arthrose.

1. L'observation est la clé :

Avant de pouvoir répondre aux besoins de votre chien, vous devez d'abord les reconnaître. Cela nécessite une observation attentive. Comment votre chien se comporte-t-il lorsqu'il se lève le matin ? Est-il plus lent ou plus hésitant ? Ces petits changements peuvent être les premiers signes d'un inconfort.

2. Les vocalisations :

Les aboiements, les gémissements ou les grognements peuvent être la manière dont votre chien exprime sa douleur ou son inconfort. Apprenez à distinguer les différents sons pour comprendre ce que votre chien essaie de vous dire.

3. Les changements d'habitude :

Un chien qui refuse soudainement de monter les escaliers, qui évite ses jouets préférés ou qui dort plus que d'habitude peut signaler un problème. Ces changements d'habitude sont souvent un signe que quelque chose ne va pas.

4. La recherche de confort :

Un chien souffrant d'arthrose peut chercher des surfaces plus douces pour se reposer ou éviter les endroits froids. Fournir des coussins orthopédiques ou des couvertures chaudes peut aider à soulager son inconfort.

5. L'importance du toucher :

La palpation douce des articulations de votre chien peut vous aider à détecter une éventuelle inflammation ou sensibilité. C'est également un excellent moyen de renforcer votre lien avec lui.

6. La communication avec votre vétérinaire :

Si vous suspectez que votre chien souffre, il est essentiel de consulter votre vétérinaire. Il pourra vous fournir des conseils spécifiques et des solutions adaptées à la situation de votre chien.

Reconnaître et répondre aux besoins de votre chien n'est pas seulement une question de soins ; c'est une question d'amour. C'est dans ces moments de défi que notre dévouement envers nos compagnons à quatre pattes est vraiment mis à l'épreuve. En étant attentifs, en écoutant et en agissant, nous pouvons assurer à nos chiens le confort et le bien-être qu'ils méritent.

Créer une routine quotidienne enrichissante

La routine peut sembler ennuyeuse ou monotone pour certains, mais pour nos chiens, elle représente bien plus. Elle offre un sentiment de sécurité, de prévisibilité et de confort. Surtout pour un chien souffrant d'arthrose, une routine bien pensée peut être la clé de jours plus heureux et moins douloureux.

1. La magie de la régularité :

Les chiens aiment savoir à quoi s'attendre. Se lever, manger, se promener et jouer à des heures régulières chaque jour peut aider à réduire l'anxiété et à offrir un sentiment de normalité, même lorsque la douleur est présente.

2. Des promenades adaptées :

L'exercice reste essentiel pour un chien souffrant d'arthrose, mais il doit être adapté. Optez pour des promenades plus courtes mais plus fréquentes, en évitant les terrains accidentés ou glissants. La régularité est la clé : une petite promenade chaque jour vaut mieux qu'une longue marche occasionnelle.

3. Des moments de jeu doux :

Les jeux sont essentiels pour le bien-être mental de votre

chien. Optez pour des jouets qui encouragent une activité douce, comme des puzzles alimentaires ou des jouets à mâcher. Évitez les jeux brusques ou ceux qui nécessitent des sauts.

4. Des moments de détente :

Tout comme nous, les chiens ont besoin de moments de détente. Créez un coin douillet avec des coussins et des couvertures où votre chien peut se reposer après une activité. La musique douce ou les massages peuvent également aider à détendre votre compagnon.

5. Une alimentation régulière :

La nutrition joue un rôle crucial dans la gestion de l'arthrose. Assurez-vous que votre chien reçoit des repas équilibrés à des heures régulières. Si nécessaire, consultez votre vétérinaire pour des recommandations alimentaires spécifiques.

6. Des moments de connexion :

La routine quotidienne est également l'occasion de renforcer votre lien avec votre chien. Que ce soit lors du toilettage, des séances de caresses ou simplement en étant ensemble, ces moments de connexion sont essentiels pour le bien-être émotionnel de votre chien.

Créer une routine quotidienne enrichissante n'est pas seulement une question d'organisation ; c'est une démarche d'amour. C'est reconnaître que chaque jour est une opportunité d'offrir à notre chien le meilleur de nous-mêmes, de lui donner du confort, de la joie et de l'amour. Et en retour, nous recevons leur gratitude, leur affection et leur loyauté inébranlable.

La relation que nous entretenons avec nos chiens est bien plus qu'une simple coexistence. C'est un voyage d'âme à âme, un échange constant d'amour, de confiance et de dévouement. Chaque jour, à travers nos actions, nos paroles et nos gestes, nous tissons un lien qui transcende les mots et qui s'ancre profondément dans nos cœurs.

Face à des défis tels que l'arthrose, cette relation est mise à l'épreuve. Mais c'est précisément dans ces moments de difficulté que la véritable essence de notre lien avec nos chiens se révèle. C'est dans la douceur d'une caresse, dans le réconfort d'un regard, dans la chaleur d'une étreinte que nous trouvons la force de surmonter ensemble les obstacles.

En tant que propriétaires, nous avons la responsabilité immense et le privilège de veiller au bien-être de nos compagnons à quatre pattes. Chaque décision que nous prenons, chaque geste que nous faisons, a un impact sur leur vie. Et c'est avec une profonde humilité et une gratitude infinie que nous devons aborder cette mission.

Car au bout du compte, ce n'est pas seulement de l'arthrose dont il s'agit. C'est de la vie elle-même, de la manière dont nous choisissons de la vivre avec nos chiens, de la qualité des moments que nous partageons, de l'amour que nous donnons et recevons en retour.

Alors, chers lecteurs, alors que nous clôturons ce chapitre, je vous invite à prendre un moment pour réfléchir à la beauté et à la profondeur de la relation que vous entretenez avec votre chien. Chérissez chaque instant, soyez présents, et rappelez-vous toujours que l'amour est le plus grand remède de tous.

CHAPITRE 8

Ressources et Outils
Votre Compagnon dans le Voyage de la Guérison

La découverte que votre chien souffre d'arthrose peut être un moment bouleversant. Les questions fusent, les inquiétudes montent, et le désir de faire tout ce qui est en notre pouvoir pour aider notre compagnon devient une priorité. Mais par où commencer ? Comment naviguer dans le vaste océan d'informations, de produits et de services disponibles ? Comment distinguer le bon grain de l'ivraie et faire les meilleurs choix pour notre fidèle ami ?

C'est précisément l'objectif de ce chapitre. Nous avons compilé pour vous une série de ressources et d'outils essentiels qui vous serviront de boussole dans ce voyage vers le bien-être de votre chien. Que vous cherchiez une liste de contrôle pour vous assurer de ne rien oublier, des recommandations de produits éprouvés ou des lieux où trouver du soutien et des conseils, ce chapitre est votre allié.

Car au-delà des traitements, des thérapies et des approches holistiques, il est essentiel d'être bien équipé et bien informé. C'est en disposant des bonnes ressources et en sachant comment les utiliser que vous pourrez offrir à votre chien la meilleure qualité de vie possible, malgré les défis de l'arthrose.

Alors, plongeons ensemble dans ce trésor d'informations et d'outils, et armons-nous pour faire face, avec amour et détermination, à chaque étape de ce voyage.

Checklist pour les propriétaires

Lorsque nous sommes confrontés à un défi comme l'arthrose chez notre chien, il est facile de se sentir submergé par toutes les informations, les tâches et les responsabilités qui nous incombent. C'est pourquoi avoir une liste de contrôle claire et concise peut être un véritable salut. Voici une checklist spécialement conçue pour les propriétaires de chiens souffrant d'arthrose, pour vous guider étape par étape dans la prise en charge de votre compagnon.

1. Observation quotidienne :

☐ Surveillez la démarche de votre chien : boiterie, hésitation, etc.

☐ Notez tout changement de comportement ou d'habitude.

☐ Vérifiez régulièrement les articulations pour détecter toute inflammation ou sensibilité.

2. Consultation vétérinaire :

☐ Prenez rendez-vous pour un examen complet.

☐ Préparez une liste de questions ou de préoccupations à discuter.

☐ Suivez les recommandations et les traitements prescrits.

3. Aménagement de l'habitat :

☐ Assurez-vous que votre chien dispose d'un lit confortable et adapté.

☐ Évitez les sols glissants : envisagez des tapis antidérapants.

☐ Adaptez les zones de repos pour minimiser les sauts ou les montées.

4. Nutrition :

☐ Consultez votre vétérinaire pour des recommandations alimentaires spécifiques.

☐ Intégrez des suppléments bénéfiques, comme la glucosamine ou la chondroïtine.

☐ Veillez à ce que votre chien reste à un poids santé pour minimiser la pression sur les articulations.

5. Exercice et activité :

☐ Adaptez la durée et l'intensité des promenades.

☐ Intégrez des exercices doux pour renforcer les muscles.

☐ Évitez les jeux brusques ou intenses.

6. Thérapies complémentaires :

☐ Renseignez-vous sur les options holistiques : acupuncture, massages, etc.

☐ Envisagez des séances de physiothérapie ou de rééducation.

☐ Explorez les remèdes naturels et les suppléments.

7. Soutien émotionnel :

☐ Passez du temps de qualité avec votre chien : caresses, jeux doux, etc.

☐ Soyez attentif à ses besoins émotionnels et physiques.

☐ Recherchez des groupes de soutien ou des forums pour les propriétaires de chiens souffrant d'arthrose.

Cette checklist n'est pas exhaustive, mais elle offre un point de départ solide pour s'assurer que vous couvrez tous les aspects essentiels de la prise en charge de l'arthrose chez votre chien. Chaque chien est unique, alors n'hésitez pas à adapter cette liste à vos besoins spécifiques. L'essentiel est d'agir avec amour, dévouement et attention, car c'est ainsi que vous offrirez à votre chien la meilleure vie possible.

Recommandations de produits et services

Naviguer dans le monde des produits et services pour chiens peut être un véritable défi, surtout lorsque l'on est confronté à un problème de santé aussi sérieux que l'arthrose. Pour vous aider à faire les meilleurs choix pour votre compagnon, voici une liste de recommandations adaptées au contexte français.

1. Médicaments et suppléments :

Glucosamine et chondroïtine : Ces suppléments sont largement reconnus pour leurs bienfaits sur les articulations. Vous pouvez les trouver en pharmacie ou chez des vétérinaires spécialisés.

Huile de poisson : Riche en oméga-3, elle peut aider à réduire l'inflammation. Assurez-vous de choisir une marque de qualité, disponible en animalerie ou en pharmacie.

2. Nourriture spéciale pour chiens arthritiques :

Royal Canin Mobility : Une marque reconnue qui propose des croquettes spécialement formulées pour les chiens souffrant de problèmes articulaires.

Hill's Prescription Diet J/D : Une autre option de qualité pour soutenir la santé des articulations de votre chien.

3. Accessoires pour le confort :

Tapis et lits orthopédiques : Des marques comme "Bobby" ou "Zolux" offrent des lits conçus pour soutenir les articulations de votre chien. Disponibles dans la plupart des animaleries françaises.

Rampes et escaliers pour chiens : Si votre chien a du mal à monter sur le canapé ou dans la voiture, ces outils peuvent être d'une grande aide. Vous pouvez les trouver chez des revendeurs comme "Zooplus" ou "Wanimo".

4. Services de rééducation et physiothérapie :

Il existe en France de nombreux centres de rééducation pour animaux. Renseignez-vous auprès de votre vétérinaire pour une recommandation locale. Certains centres renommés incluent le Centre de Rééducation Fonctionnelle Vétérinaire 'Alforme au sein de l'école vétérinaire de Maisons Alfort.

5. Thérapies alternatives :

Acupuncture pour chiens : De plus en plus de vétérinaires en France se forment à l'acupuncture pour animaux. Renseignez-vous pour trouver un praticien près de chez vous.

Massages canins : Des professionnels formés offrent des massages spécifiques pour les chiens arthritiques, comme "Canidetente " Dans les Bouches du Rhône.

6. Groupes de soutien et forums :

Des plateformes comme "Woopets" ou "Wamiz" ont des sections dédiées aux problèmes de santé canine où vous pouvez échanger avec d'autres propriétaires confrontés à l'arthrose.

La France regorge de ressources de qualité pour aider les propriétaires de chiens à gérer l'arthrose de leur compagnon. L'essentiel est de bien se renseigner, de consulter des professionnels et de choisir des produits et services adaptés aux besoins spécifiques de votre chien. Avec le bon soutien, votre chien peut mener une vie épanouie et confortable malgré l'arthrose.

Où trouver de l'aide et du soutien

Lorsque l'on est confronté à la réalité de l'arthrose chez notre chien, il est naturel de ressentir une gamme d'émotions allant de l'inquiétude à la frustration. Mais rappelez-vous que vous n'êtes pas seul dans ce voyage. La France, avec sa riche tradition de soins vétérinaires et sa communauté de propriétaires d'animaux passionnés, offre une multitude de ressources pour vous soutenir. Voici où vous pouvez trouver de l'aide et du soutien.

1. Vétérinaires et cliniques spécialisées :

Votre vétérinaire est votre premier point de contact. Non seulement ils peuvent fournir des soins médicaux, mais ils peuvent aussi vous orienter vers des spécialistes ou des cliniques dédiées à l'arthrose et à la rééducation.

2. Associations et organisations :

Il existe plusieurs associations en France dédiées à la santé canine, telles que la Société Centrale Canine (SCC) ou l'Association Française de Médecine Vétérinaire Comportementale (AFMVEC). Ces organisations peuvent offrir des ressources, des formations et des événements pour vous aider à mieux comprendre et gérer l'arthrose de votre chien.

3. Forums et groupes en ligne :

Des plateformes comme "Forum Chien (chien.com)",

"Wamiz", ou même des groupes Facebook dédiés aux propriétaires de chiens peuvent être d'excellents lieux d'échange. Vous pouvez y partager vos expériences, poser des questions et recevoir des conseils de personnes qui traversent des situations similaires.

4. Ateliers et séminaires :

De temps en temps, des ateliers ou des séminaires sont organisés sur des sujets liés à la santé canine. Ces événements peuvent être une occasion d'apprendre de professionnels, de poser des questions et de rencontrer d'autres propriétaires de chiens.

5. Livres et publications :

Il existe de nombreux ouvrages dédiés à la santé canine, à l'arthrose et aux soins holistiques. Votre librairie locale ou votre vétérinaire peut avoir des recommandations. De plus, des magazines comme "Toutou Mag" ou "30 Millions d'Amis" peuvent contenir des articles pertinents.

6. Soutien émotionnel :

Ne sous-estimez jamais l'importance du soutien émotionnel. Parler à des amis, à la famille ou même à des professionnels peut vous aider à gérer le stress et l'anxiété liés à la prise en charge de votre chien arthritique.

La prise en charge de l'arthrose chez votre chien est un voyage, mais vous n'avez pas à le parcourir seul. La France offre une multitude de ressources pour vous soutenir à chaque étape. En vous entourant de la bonne communauté et en utilisant les ressources disponibles, vous pouvez offrir à votre chien une vie pleine de confort, d'amour et de bonheur.

Naviguer dans le monde complexe de la santé canine, en particulier lorsqu'il s'agit d'une affection aussi délicate que l'arthrose, peut souvent sembler une tâche insurmontable. Mais, comme nous l'avons exploré dans ce chapitre, vous n'êtes pas seul(e) dans cette aventure. La France, avec sa riche tradition de soins vétérinaires et sa communauté dévouée de propriétaires d'animaux, est là pour vous soutenir.

Chaque produit, chaque service, chaque organisation mentionnée ici n'est pas simplement une ressource ; c'est un témoignage de l'amour et de la dévotion que notre société porte à nos compagnons à quatre pattes. C'est la preuve que, malgré les défis, il y a toujours de l'espoir, toujours une nouvelle avenue à explorer, toujours une main tendue pour aider.

En tant que propriétaire, vous avez le pouvoir le plus précieux de tous : l'amour inconditionnel pour votre chien. Armé de cet amour, et des ressources et outils que nous avons discutés, vous êtes plus que prêt à offrir à votre chien la meilleure vie possible, malgré les défis de l'arthrose.

Alors que nous continuons ce voyage ensemble, rappelez-vous que chaque étape, chaque décision, chaque moment est une preuve de votre dévouement. Et avec le bon soutien, le bon savoir, et le bon cœur, il n'y a rien que vous et votre chien ne puissiez surmonter.

Conclusion

L'avenir de la santé canine

À mesure que la science progresse, notre compréhension de la santé canine s'approfondit également. L'arthrose, bien qu'elle soit un défi majeur pour de nombreux chiens et leurs propriétaires, n'est pas une fin en soi. Les innovations médicales, les avancées en matière de nutrition et les nouvelles approches holistiques ouvrent la voie à un avenir où la douleur et l'inconfort de l'arthrose peuvent être gérés de manière encore plus efficace.

Les recherches en cours explorent des traitements potentiels tels que la thérapie génique, les cellules souches et même la bio-ingénierie. Imaginez un monde où une simple injection pourrait régénérer le cartilage endommagé ou où un supplément alimentaire pourrait prévenir l'apparition de l'arthrose dès le plus jeune âge.

Mais au-delà de la science, il y a un espoir encore plus grand : la communauté. Partout en France et dans le monde, des propriétaires de chiens, des vétérinaires, des chercheurs et des passionnés se rassemblent pour partager des connaissances, offrir du soutien et travailler ensemble pour un avenir meilleur pour nos amis à quatre pattes.

Un appel à l'action pour tous les propriétaires de chiens

Chaque propriétaire de chien a un rôle à jouer. Votre chien dépend de vous pour ses soins, son amour et son bien-être. Mais il ne s'agit pas seulement de prendre soin de votre propre chien. Il s'agit de faire partie d'une communauté plus large, de contribuer à un mouvement global pour la santé et le bonheur des chiens partout.

Alors, que pouvez-vous faire ?

Éduquez-vous continuellement : Le monde de la santé canine évolue rapidement. Restez informé des dernières recherches, des nouveaux traitements et des meilleures pratiques pour prendre soin de votre chien.

Partagez votre histoire : Votre expérience avec l'arthrose de votre chien est précieuse. En la partageant, vous pouvez offrir du soutien à d'autres propriétaires dans des situations similaires et sensibiliser davantage à cette condition.

Soutenez la recherche : Si vous en avez les moyens, envisagez de soutenir financièrement la recherche sur l'arthrose canine. Chaque euro compte et peut contribuer à des découvertes révolutionnaires.

Adoptez une approche proactive : N'attendez pas que les symptômes apparaissent. Soyez vigilant, faites des bilans réguliers et consultez votre vétérinaire dès les premiers signes d'inconfort.

Rejoignez ou créez une communauté : Que ce soit en ligne ou localement, trouver ou créer un groupe de soutien pour les propriétaires de chiens confrontés à l'arthrose peut être incroyablement bénéfique.

En fin de compte, l'avenir de la santé canine est entre nos mains. Avec dévouement, amour et action, nous pouvons faire une différence. Pour nos chiens, pour nous-mêmes, et pour les générations futures de propriétaires et de chiens qui viendront après nous.

En guise de dernier mot

Chère lectrice, cher lecteur, en ouvrant ce livre, vous avez fait preuve d'un amour et d'un dévouement immenses envers votre chien. L'arthrose est un défi, mais avec les bonnes ressources, le bon soutien et une approche holistique, vous pouvez offrir à votre chien une vie pleine de joie, de confort et de bonheur.

Je vous remercie de m'avoir accompagné dans ce voyage. Puissiez-vous et votre chien marcher ensemble, main dans la patte, vers un avenir lumineux et plein d'espoir.

Chère Lectrice, cher Lecteur

Alors que vous refermez ce livre, j'espère sincèrement qu'il vous a apporté des réponses, des conseils et, surtout, un sentiment de soutien dans votre parcours avec votre fidèle compagnon. Chaque page a été écrite avec le plus grand soin, en pensant à vous, à votre chien, et à tous les moments que vous partagez ensemble.

Votre expérience, vos ressentis et vos témoignages sont d'une valeur inestimable. Non seulement pour moi, en tant qu'auteur, mais aussi pour tous ceux qui, comme vous, cherchent des réponses et du soutien. C'est pourquoi je vous invite, si vous en ressentez le désir, à prendre quelques instants pour laisser un avis sur la page du livre. Partagez votre expérience, vos découvertes, et comment ce livre a pu vous aider ou éclairer certaines zones d'ombre.

Sachez que chaque commentaire, chaque avis, sera lu avec attention. Vos retours m'aident dans mon travail, me permettent de mieux comprendre vos besoins, vos attentes, et de continuer à vous offrir des contenus de qualité. De plus, votre témoignage pourrait être le phare qui guide un autre propriétaire de chien dans la tempête, lui offrant espoir et réconfort.

En partageant votre expérience, vous contribuez à une

communauté bienveillante et solidaire, où chaque voix compte et où chaque histoire a sa place. Vous aidez non seulement d'autres lecteurs à découvrir ce livre, mais aussi à trouver des solutions, des réponses, et à se sentir moins seuls dans leur parcours.

Je vous remercie du fond du cœur pour votre confiance, pour le temps que vous avez consacré à la lecture de ce livre, et pour votre précieuse contribution à cette belle communauté de passionnés et d'amoureux des chiens.

Avec toute ma gratitude,

Patrick Grandjean

L'arthrose du chien

Printed by Amazon Italia Logistica S.r.l.
Torrazza Piemonte (TO), Italy